Steffen Raßloff

Kleine Geschichte Sachsens

Rhino Westentaschen-Bibliothek
Band 62

Steffen Raßloff

Kleine

Geschichte

Sachsens

RHINOVERLAG

Trotz gewissenhafter Bearbeitung kann eine Haftung für den Inhalt nicht übernommen werden. Für aktuelle Ergänzungen und Anregungen ist der Verlag jederzeit dankbar. Wir bedanken uns bei allen, die uns unterstützt haben.

Impressum

© 2018 RhinoVerlag Dr. Lutz Gebhardt & Söhne GmbH & Co. KG
Am Hang 27, 98693 Ilmenau
Tel.: 03677/46628-0, Fax: 03677/46628-80
www.RhinoVerlag.de

Titelbild:	Neue ReiseCharte durch Sachsen, Leipzig 1752; Johann George Schreiber
Layout, Satz:	Ute Schmidt, Geraberg
Schrift:	Aldine401 BT
Titelgestaltung:	Jana Rogge, Weimar

1. Auflage 2018

ISBN: 978-3-95560-062-4

Inhaltsverzeichnis

Vom wettinischen „Großsachsen" zum Freistaat Sachsen

Die Geschichte Sachsens greift weit über das Territorium des heutigen Freistaates hinaus, ist vielmehr über Jahrhunderte zugleich mitteldeutsche Geschichte. An der Schwelle zur Neuzeit um 1500 beherrschte das Fürstengeschlecht der Wettiner eines der mächtigsten Territorien des Reiches.

Das einstige Kurfürstentum und
der heutige Freistaat Sachsen

Kursachsen bis 1815

Sachsen seit 1990

Es umfasste weite Teile der heutigen Bundesländer Sachsen, Sachsen-Anhalt und Thüringen. Als Markgrafen von Meißen hatten sie sich seit 1089 die Herrschaft über Sachsen erkämpft, 1247 erwarben sie die Landgrafschaft Thüringen und wurden 1423 mit dem Herzogtum Sachsen-Wittenberg in den Kurfürstenstand erhoben.

Allerdings sollte diese große Machtentfaltung nicht in einen modernen „großsächsischen" Staat münden. Die Wettiner waren hieran wesentlich beteiligt, splitterten sie doch durch Erbteilungen ihren Besitz immer wieder auf. Die Leipziger Teilung 1485 zwischen den Brüdern Albrecht und Ernst wurde dabei zu einer entscheidenden Zäsur. Sie führte zur dauerhaften Aufspaltung in eine albertinische (sächsische) und ernestinische (thüringische) Linie der Wettiner. Dies ging langfristig mit einer Schwächung besonders gegenüber dem Rivalen Brandenburg-Preußen einher.

Den Albertinern gelang zwar nach dem Sieg im Schmalkaldischen Krieg 1547 die Entwicklung des Kurfürstentums und Königreichs Sachsen (1806) zu einem einheitlichen Territorialstaat mit der Residenz Dresden. Sachsen geriet jedoch nach dem glanzvollen „Augusteischen Zeitalter" seit Mitte des 18. Jahrhunderts immer wieder auf die Verliererseite der Geschichte. Mehrfach drohte sogar das völlige Aufgehen im ungeliebten Nachbarn Preußen. Entsprechende Begehrlichkeiten reichen von der Zeit Friedrichs des Großen über die Nie-

---

August der Starke am Dresdner „Fürstenzug"

derlage im Strudel von Napoleons Untergang bis hin zum Preußisch-Österreichischen Krieg 1866. Das 20. Jahrhundert prägte schließlich die heutige deutsche Länderstruktur aus. Sachsen weist dabei als Kurfürstentum, Königreich und Land große Kontinuität auf. Aus dem verkleinerten Königreich von 1815 wurde 1918 der erste Freistaat, der nach 1933 im NSDAP-Gau Sachsen aufging.

1945 entstand das Land Sachsen durch Rückkehr preußischer Gebiete weitgehend in seiner heutigen Gestalt. Es wurde jedoch 1952 schon wieder in die DDR-Bezirke Dresden, Leipzig und Chemnitz/Karl-Marx-Stadt aufgeteilt. Seit dem 3. Oktober 1990 ist Sachsen nunmehr föderaler Bestandteil der Bundesrepublik Deutschland.

Ur- und Frühgeschichte

Die Ur- und Frühgeschichte Sachsens wirft Schlaglichter auf das noch weitgehend im Dunkel liegende Leben unserer frühesten Vorfahren. Mit den Urmenschen beginnend wechselten sich die Bewohner auf dem Gebiet des heutigen Landes immer wieder ab. Es entstanden und vergingen nur durch archäologische Funde fassbare Kulturen. Erste Relikte des Menschen, der sich vor ca. 750.000 Jahren in Europa auszubreiten begann, gehen bis weit in die Altsteinzeit zurück. Die zahlreichen Funde, zunächst vor allem die namensgebenden Steinwerkzeuge, bieten erste Anhaltspunkte für die Entwicklung der menschlichen Zivilisation. Die wichtigsten sind im Staatlichen Museum für Archäologie Chemnitz zu sehen.

Wichtige Funde weisen auf den Altmenschen hin. In Markkleeberg bei Leipzig hat man neben Feuersteinartefakten versteinerte Seeigel gefunden, die vermutlich aus ästhetischen Grün-

den aufbewahrt wurden. An verschiedenen Orten finden sich Zeugnisse des den Neandertaler verdrängenden Jetztmenschen vor ca. 30.000 Jahren. Die Jagd trat in jener letzten großen Kaltzeit in den Vordergrund. Der Mensch folgte den großen Tierherden, lebte in mobilen Zeltsiedlungen oder in Höhlen.

Staatliches Museum für Archäologie Chemnitz

Ausdruck dieser Periode ist ein bei Groitzsch gefundenes Schieferplättchen mit eingeritzten Pferdeköpfen von etwa 12.000 v. Chr., die älteste bildliche Darstellung in Sachsen.

Den epochalen Schritt vom Jäger und Sammler zum Ackerbauern und Viehzüchter vollzog die Menschheit in der Jungsteinzeit (Neolithikum). Die „neolithische Revolution" begann im 9. Jahrtausend v. Chr. in Kleinasien. Um 5500 v. Chr.

Schieferplättchen mit Pferdeköpfen aus Groitzsch
(12.000 v. Chr.)

tauchen die ersten sesshaften Ackerbauern und Viehzüchter in fruchtbaren Landschaften wie dem Raum Dresden-Meißen und der Oberlausitz auf. Die Funde zeugen von differenzierteren sozialen Verhältnissen, Fortschritten in Kultur und Technik sowie religiösen Vorstellungen.

Ein weiterer wichtiger Schub setzte mit der Bronzezeit seit der ersten Hälfte des 2. Jahrtausends v. Chr. ein. Mit dem Metallzeitalter beschleunigte sich die kulturelle Entwicklung. In der Eisenzeit treten erstmals bei antiken Autoren namentlich zwei große „barbarische" Volksstämme auf, die Kelten und Germanen. Sie haben zeitweise gemeinsam im mitteldeutschen Raum gelebt. Den Kelten zugeordnet wird vor allem der Süden Thüringens, während sich ihr Kultureinfluss in Sachsen weniger niedergeschlagen hat.

Zwischen Germanen und Slawen

Die germanische Besiedlung des Elbe-Saale-Raumes fand in der Eisenzeit ihren Abschluss. Die Hermunduren stiegen im ersten Jahrhundert n. Chr. zur führenden Macht unter den Elbgermanen auf. Nach der Völkerwanderungszeit bildete sich im 5. Jahrhundert ein mächtiges Königreich der Thüringer, das auch Teile Westsachsens umfasste. Nach dessen Untergang im Kampf mit den von Westen vordringenden Franken 531 ging Thüringen im Frankenreich auf, während sich östlich der Elbe-Saale-Linie Slawen ausbreiteten. Das Fränkische Reich stieg unter den Karolingern zur abendländischen Weltmacht auf, die Kaiserkrönung Karls des Großen in Rom 800 legte den Grundstein für das spätere deutsche Reich. Die Slawen konnten bis zum 10. Jahrhundert ihre Unabhängigkeit östlich von Elbe und Saale behaupten. Nach 531 scheint es zunächst eine

geringe Siedlungsdichte im heutigen Sachsen ge-
geben zu haben. Hier rückte Ende des 6. Jahrhunderts aus Polen und Böhmen der slawische Stamm
der Sorben vor. 632 taucht er erstmals als „gens
surbiorum" in der Überlieferung auf. Spätere
Chroniken nennen als weitere Stämme die Dale-
minzer, Milzener und Lusitzer. Sie unterschieden
sich deutlich von ihren germanischen Nachbarn
durch Religion, Sprache und Siedlungsformen.

Nachbildung der Slawenburg Raddusch bei Vetschau
(9./10. Jh.)

Für die Zusammensetzung der Bevölkerung in Sachsen war die Ansiedlung der Slawen von großer Bedeutung. Über die Verhältnisse bis zum 10. Jahrhundert bestehen mangels slawischer Schriftquellen allerdings keine detaillierten Kenntnisse. Die Stämme wurden von einem Fürsten (rex, dux) geführt. Ihm zur Seiten traten eine adlige Oberschicht sowie eine bäuerliche Bevölkerung. Mittelpunkte waren befestigte dörfliche Siedlungen. Auch über die naturreligiösen Vorstellungen gibt es nur vage Überlieferungen.

Mit dem Tode Karls des Großen 814 begann der Zerfall des fränkischen Großreiches. Allmählich bildete sich aus dem westlichen Teil das Königreich Frankreich und aus dem östlichen Teil unter den sächsischen Ottonen (919–1024) das deutsche König- bzw. Kaiserreich heraus. Seit 929 weiteten die Ottonen ihren Herrschaftsbereich auf die slawischen Gebiete bis zu Oder und Neiße aus. Dies gilt als Beginn der deutschen Ostkolonisation mit „Kreuz und Schwert".

Die Markgrafschaft Meißen
(10.–12. Jh.)

Die 968 unter Kaiser Otto dem Großen im Slawengebiet eingerichtete Markgrafschaft Meißen markiert den Anfang der sächsischen Landesgeschichte im engeren Sinne und steht am Beginn des Aufstiegs der Wettiner. Dieses alte Adelsgeschlecht reicht bis ins 9. Jahrhundert zurück und dürfte sich im Zuge der Ostkolonisation im eroberten Slawengebiet etabliert haben. Stammsitz war die Burg Wettin über der Saale nördlich von

Burg Wettin

Halle, die allerdings 1288 an den Erzbischof von Magdeburg verloren ging. 1089 mit Heinrich von Eilenburg erstmals im Markgrafenamt, bestimmte das Herrscherhaus seit 1123 über acht Jahrhunderte die Geschicke der Region. Künstlerischen Ausdruck gefunden hat diese lange Ahnenkette im „Fürstenzug", einem 102 Meter langen Wandbild aus Meißner Porzellanfliesen mit 35 Markgrafen, Herzögen, Kurfürsten und Königen am Dresdener Residenzschloss.

Am Beginn steht der „Mythos Meißen". König Heinrich I. errichtete 929 während seines Eroberungszuges auf einem Berg über der Elbe die Burg „misini", benannt nach dem vorbeifließenden Meisabach. Sie wurde zum Herrschaftszentrum der Markgrafschaft Meißen, die das Slawengebiet zu sichern hatte. Die Markgrafen besaßen als Stellvertreter des Königs eine große Machtfülle.

„Fürstenzug" am Dresdner Schloss (1907)

Zunächst wechselte das Markgrafenamt, zeitweise verbunden mit den Marken Lausitz, Merseburg und Zeitz, zwischen den Adelsgeschlechtern der Region. Unter Konrad dem Großen gelangte es 1123/30 endgültig an die Wettiner. Er legte mit dem Erbe Wiprechts von Groitzsch sowie Erwerbungen um Dresden und Bautzen den Grundstein für einen jahrhundertelangen Machtausbau. Konrads ältester Sohn Otto der Reiche (reg. 1156–1190) setzte mit der Landerschließung, mit Städte- und Klostergründungen den Machtausbau tatkräftig fort. Nicht zuletzt geht auf ihn der Beginn des ertragreichen Silberbergbaus in Freiberg zurück. Das bereits verlehnte Rodungsgebiet hatte Otto sofort nach Entdeckung der ersten Silberadern 1168 wieder an sich gezogen. Als Markgraf stand ihm das königliche Bergregal (Bergbaurecht) zu, so dass von ihm und seinen Nachfahren fortan der Bergzehnt erhoben werden konnte. Hierin wurzelt auch die enge Verbindung von Land und Herrscherhaus mit dem Bergbau.

Otto musste sich bis in seine Familie hinein gegen manchen Widerstand behaupten. Besonders konfliktreich war das Verhältnis zu seinem ältes-

ten Sohn Albrecht I., der Stolze
(reg. 1190–1195). Solche inner-
familiären Konflikte sollten
immer wieder auftreten.
Albrecht gilt freilich
als besonders un-
rühmlicher Vertreter
seines Geschlechtes,
der schließlich auch
mit Kaiser Heinrich
VI. in Streit geriet und
1195 einen gewaltsa-
men Tod fand.
Dietrich der Bedräng-
te (reg. 1195/98–1221)
verdankt seinen Beina-
men den schwierigen
Ausgangsbedingungen
seiner Herrschaft. Zu-
nächst hatte Heinrich
VI. das Markgrafen-

Denkmal Ottos
des Reichen in Freiberg

Lehen eingezogen. Dietrich konnte sich jedoch als Markgraf durchsetzen. Beim Landesausbau setzte er die Politik seiner Vorgänger fort. Der Herrschaftsraum wurde durch Burgen und ritterliche Dienstmannen (Ministeriale) erfasst. Nach dem Tode Dietrichs war die Stellung der Wettiner so gefestigt, dass die Nachfolge seines dreijährigen Sohnes Heinrich III. (reg. 1221/30–1288) nicht in Frage gestellt wurde.

Die Markgrafen strebten danach, ihre Stellung als Beauftragte des Königs in eine dauerhafte Herr-

Haus der Sorben (Serbskidom) in Bautzen

schaft umzuwandeln und diese zu erweitern. Bis ins ausgehende Hochmittelalter hatte sich ihr Machtbereich über weite Teile Mittelsachsens ausgedehnt. In Westsachsen widersetzten sich jedoch einige adlige Herrschaften, wie die Burggrafen von Leisnig, die Herren von Colditz, von Schönburg und von Waldenburg. Daneben konnten sich Altenburg, Chemnitz und Zwickau als Reichslandstädte, das reichsnahe Vogtland und das Hochstift Meißen mit seinen Besitzungen um Wurzen, Mügeln, Stolpen und in der Lausitz behaupten.

Eine der Hauptaufgaben der Markgrafen war die herrschaftliche Integration der Slawen. Lange Zeit behielten diese dabei ihre Kultur und Sprache bei. Bis heute verraten viele Landschafts-, Orts- und Familiennamen slawische Wurzeln. So geht Dresden auf die Dreždany ("Sumpfwaldleute") an der wichtigen Elbe-Furt zurück, Leipzig auf das Wort Lipsk für "Linden-Ort". In Ostsachsen hat sich mit den Sorben sogar eine anerkannte nationale Minderheit erhalten. Allerdings erfasste der deutsche Kultureinfluss im Laufe der Zeit die Mehrheit der Slawen, die sich immer mehr Neusiedlern gegenübersahen.

Eng mit der Herrschaft verbunden war die Christianisierung. Zwar gab es seit der Einbeziehung in das Reich das Bistum Meißen, doch scheint das Vordringen des Christentums ein fließender Vorgang gewesen zu sein. So finden sich nur wenige vor 1150 bezeugte Kirchen. Jedoch auch hier sollten sich die Unterschiede allmählich einebnen. Das geistige Leben blieb lange Zeit an die Kirche gebunden, besonders an die Klöster. Sie waren

Mausoleum Zisterzienserkloster Altzella

zugleich wichtige Macht- und Wirtschaftsfaktoren. Die Markgrafen von Meißen traten als eifrige Stifts- und Klostergründer auf. Das 1162 gegründete Zisterzienserkloster Altzella bei Nossen diente bis ins 16. Jahrhundert als Hauskloster und Grablege der Wettiner.

Der große Landesausbau sorgte im 12. und 13. Jahrhundert für einen erheblichen Entwicklungsschub. Hunderttausende Bauern aus westlichen Teilen Deutschlands ließen sich von Vergünstigungen anziehen. Sie blieben im Rahmen der adligen Grundherrschaft persönlich frei und mussten keine Frondienste leisten. Die Neusiedler brachten fortschrittliche Technologien und Anbaumethoden wie die Dreifelderwirtschaft mit. Von ihnen wurde das Territorium bis in die Höhenzüge des Erzgebirges erschlossen.

Dies gilt auch für die Städte. Die meist im 13. Jahrhundert folgende Verleihung von Stadtrechten geht teils auf die Markgrafen (Pirna, Oschatz, Grimma) zurück, aber auch auf den Kaiser (Chemnitz), den Bischof von Meißen (Wurzen), Adlige (Colditz, Kamenz) oder den böhmischen König (Bautzen, Zittau, Görlitz). Lange Zeit wichtigste und größte Stadt war das 1168 von Otto dem Reichen privilegierte Freiberg, die „Silberstadt Sachsens". Das 1165 privilegierte Leipzig begann seinen allmählichen Aufstieg zur Handelsmetropole. Die spätere Hauptstadt Dresden erhielt dagegen erst 1403 das Stadtrecht.

Freiberg mit dem Dom St. Marien

Markgrafen, Landgrafen und Kurfürsten

Mitte des 13. Jahrhunderts gelang den Markgrafen ein weiterer bedeutender Machtausbau. Seit 1131 hatte sich die Landgrafschaft Thüringen unter den Ludowingern zu einer der glänzendsten Herrschaften des Reiches aufgeschwungen. Unter Landgraf Heinrich Raspe drohte das Geschlecht jedoch im Mannesstamm auszusterben, so dass dieser 1243 die Eventualbelehnung seines Neffen Heinrich von Meißen durchsetzte. Nach dem Tode des Landgrafen 1247 kam es zu einem blutigen Erbfolgekrieg, der 1264 mit der Teilung der Landgrafschaft endete. Thüringen fiel an Markgraf Heinrich den Erlauchten, die hessischen Besitzungen an Sophie von Brabant, Tochter der Heiligen Elisabeth von Thüringen.

Die Erringung der Landgrafschaft Thüringen stellt einen der wichtigsten Marksteine beim Aufstieg der Wettiner dar. Mark- und Landgraf Heinrich III., der Erlauchte (reg. 1230/47–1288) war der höfischen Kultur sehr zugetan und agierte als zupackender Machtpolitiker. Einen wegweisenden

Erfolg konnte er neben Thüringen beim Pleißen-land verzeichnen, das als kaiserliches Lehen 1323 endgültig an die Wettiner ging.

Mark- und Landgraf Albrecht der Entartete (reg. 1288–1307) bildete einen harten Kontrast zu seinem Vater Heinrich. Er gehört zu den verrufensten Vertretern seines Geschlechtes. Albrecht war schon 1263 als Landgraf eingesetzt worden und für eine katastrophale Verschuldung verantwortlich. 1294 drohte sogar nach dem Verkauf der Landgrafschaft Thüringen an König Adolf von Nassau der Verlust des Lehens.

Albrechts Sohn, Markgraf Friedrich I., der Freidige oder Gebissene (reg. 1307–1323), konnte die Machtstellung seines Hauses wieder festigen. Unter Friedrich II., dem Ernsthaften (reg. 1323–1349) folgten Jahrzehnte der Konsolidierung. Das Dauerproblem der Erbfolge und Machtteilung sollte danach durch eine Brüdergemeinschaft überwunden werden, die in der Chemnitzer Teilung 1382 jedoch wieder gelöst wurde. 1407 fiel der Großteil des wettinischen Besitzes an Markgraf Friedrich IV., den Streitbaren (reg. 1381–1428, seit 1423 Kurfürst Friedrich I.).

Im 15. Jahrhundert setzte sich die Expansionspolitik der Wettiner besonders im Pleißenland und Vogtland dynamisch fort. Man erwarb die Herrschaften Colditz, Stollberg, Weida, Plauen,

---

Friedrich der Streitbare,
1423 erster wettinischer Kurfürst von Sachsen

Leisnig und Dohna. Pirna und der Königstein fielen von Böhmen an die Wettiner. Mit wenigen Ausnahmen, wie der Grafschaft Schönburg und dem Hochstift Meißen, waren alle Herrschaften im heutigen Sachsen unterworfen. Der Vertrag von Eger 1459 legte die sächsisch-böhmische Grenze auf dem Kamm des Erzgebirges fest.

Die fürstliche Repräsentation der Wettiner trat besonders in Meißen deutlich vor Augen. Der 1430

fertiggestellte gotische Dom auf dem Burgberg diente nun an Stelle des Klosters Altzella als Begräbnisort. Hierfür hatte Friedrich der Streitbare die Fürstenkapelle errichten lassen. Neben dem Dom entstand von 1471 bis 1521 die imposante spätgotische Albrechtsburg. Sie gilt als ältester Schlossbau in Deutschland. Allerdings begann zu

Meißen mit Albrechtsburg und Dom

dieser Zeit bereits Dresden seinen Aufstieg zur glanzvollen Residenzstadt der Wettiner. Friedrich verlieh auch der Bildungslandschaft wichtige Impulse und gründete 1409 die Universität Leipzig.

Den wichtigsten Prestigegewinn für die Wettiner stellte die Erlangung des Herzogtums Sachsen-Wittenberg mit der Würde eines Kurfürsten 1423 dar. Ihr Territorium vergrößerte sich damit Richtung Norden und erhielt eine weitere Residenz. Zusammen mit den Erzbischöfen von Mainz, Köln und Trier, dem König von Böhmen, Markgrafen von Brandenburg und Pfalzgrafen bei Rhein waren sie nunmehr für die Wahl des Reichsoberhauptes verantwortlich und übten weitere hohe Reichsämter aus.

Die Wettiner führten fortan das Wappen des Herzogtums Sachsen mit dem neunmal Schwarz und Gold geteilten Schild mit grünem Rautenkranz und das Schwarz und Silber geteilte Kurwappen mit den gekreuzten roten „Kurschwertern". Letzteres verweist auf das Ehrenamt des Erzmarschalls, der bei der Kaiserkrönung das Reichsschwert vorantrug. Der Titel der Kurfürsten von Sachsen drängte die Titel als Markgrafen und Landgrafen zurück. Zu Sachsen im heutigen Sinne wurde der östliche Teil des wettinischen Territoriums, an das die Kurwürde 1547 dauerhaft gelangen sollte. Damit hatte der südöstlich verlaufende Wanderungsprozess des Namens vom Germanenstamm in Niedersachsen zum heutigen Freistaat Sachsen seinen Endpunkt gefunden.

Wappen
des Herzogtums Sachsen

Kursachsen zwischen Glanz und Niedergang

Die Wettiner galten in der Frühneuzeit neben den eng mit ihnen verbundenen Habsburgern als mächtigstes Fürstengeschlecht des Reiches. Allerdings spaltete die Leipziger Teilung 1485 zwischen den Brüdern Ernst (reg. 1464–1486) und Albrecht (reg. 1464–1500) ihren großen Länderkomplex. Albrecht erhielt die Markgrafschaft Meißen, Gebiete um Leipzig sowie einen Landstreifen in

Leipziger Teilung 1485

Thüringen. Kurfürst Ernst übernahm das Herzogtum Sachsen-Wittenberg, einen Landstreifen bis nach Zwickau und ins Vogtland sowie Thüringen. Die dauerhafte Spaltung in eine albertinische (sächsische) und ernestinische (thüringische) Linie führte langfristig zu einer Schwächung der wettinischen Machtposition.

Unter den Kurfürsten Friedrich III., der Weise (reg. 1486–1525), Johann der Beständige (reg. 1525–1532) und Johann Friedrich der Großmütige (reg. 1532–1547) zählte der ernestinische Staat zu den angesehensten des Reiches. Nach dem Tode Kaiser Maximilians brachte man Friedrich 1519 sogar als Kandidaten für den Kaiserthron ins Spiel. Wittenberg und Torgau wurden zu prachtvollen Residenzen ausgebaut. Friedrich der Weise gründete 1502 die Universität Wittenberg. Unter Friedrichs Bruder Johann und dessen Sohn Johann Friedrich gewann Torgau mit Schloss Hartenfels, dem größten erhaltenen Renaissanceschloss in Deutschland, stärker an Bedeutung.

Das Kurfürstentum Sachsen wurde unter Friedrich dem Weisen zur Schutzmacht der Reformation. Hauptakteur Martin Luther wurde nach Stu-

Schloss Hartenfels in Torgau

dium und Klostereintritt in Erfurt 1512 Professor
an der Wittenberger Universität. Hier kam das
Ringen um die theologischen Einsichten der Reformation zum Durchbruch. Nach dem legendär-
en Anschlag der Thesen gegen den Ablasshandel
an die Schlosskirche zu Wittenberg am 31. Oktober 1517 nahm der Kurfürst Luther unter seinen
Schutz. Auf dem Reichstag zu Worms 1521, auf
dem Luther vor Kaiser Karl V. seine Lehren nicht
widerrief, wurde über ihn die Reichsacht verhängt.
Es folgte die Scheinentführung auf die Wartburg,

wo Luther als „Junker Jörg" getarnt 1521/22 das Neue Testament ins Deutsche übersetzte.

Im mitteldeutschen Raum griffen die Herrscher mit den ernestinischen Kurfürsten 1525 beginnend das neue Bekenntnis rasch auf. Herzog Georg der Bärtige (reg. 1500–1539) hielt zwar zunächst am katholischen Glauben fest, sein Bruder Heinrich der Fromme (reg. 1539–1541) führte dann jedoch die Reformation auch im albertinischen Herzogtum ein.

Lutherstube auf der Wartburg

Die von Luther angefachte Aufbruchsstimmung ging weit über dessen Intentionen hinaus. Radikale Kräfte forderten auch soziale Konsequenzen. Besonders der Theologe Thomas Müntzer, der sich zum erbitterten Konkurrenten Luthers entwickelte, fand großen Anklang beim „gemeinen Mann". Als sich 1525 in Thüringen Bauernhaufen gegen Adel und Klerus erhoben, stellte sich Müntzer an deren Spitze. Am 15. Mai 1525 unterlagen die Bauern in der blutigen Schlacht bei Frankenhausen gegen die Truppen Landgraf Philipps von Hessen und Herzog Georgs von Sachsen.

Die Reformationszeit brachte auch das Ende des ernestinischen Kurfürstentums. Im Schmalkaldischen Bund der protestantischen Reichsstände von 1531 übten Johann der Beständige und Johann Friedrich der Großmütige eine Führungsrolle aus. Dies kostete den Ernestinern im Schmalkaldischen Krieg 1546/47 ihre Machtstellung. Nach der Niederlage gegen Kaiser Karl V. und Herzog Moritz von Sachsen (reg. 1541–1553) in der Schlacht bei Mühlberg an der Elbe 1547 gingen Kurwürde und alle nichtthüringischen Gebiete an die Albertiner. Diesen gelang im Weiteren die Entwicklung des Kurfürstentums Sachsen zu einem einheitlichen Territorialstaat mit der prachtvollen Residenz Dresden. Die Ernestiner in Thüringen splitterten ihre Herrschaft dagegen in bis zu zehn sächsische Herzogtümer auf. Einige von ihnen erlangten allerdings hohe kulturelle Bedeutung, wie das Herzogtum Sachsen-Weimar-Eisenach mit der Weimarer Klassik der Goethezeit.

Der nach der Schlacht bei Mühlberg an der Elbe gefangene Kurfürst Johann Friedrich der Großmütige vor Kaiser Karl V.

Kurfürst Moritz ist der wohl umstrittenste Herrscher Sachsens. Die einen sehen in ihm den skru-
pellosen „Judas von Meißen", der Verwandtschaft
und Konfession verleugnet habe. Im Gegensatz
hierzu wird sein unterlegener Vetter Johann Friedrich als integre Persönlichkeit und glaubensfester
Protestant dargestellt. Die Ernestiner in Thürin-

Moritzmonument in Dresden
mit den Kurfürsten-Brüdern Moritz und August

gen sahen sich fortan auch als die eigentlichen Wahrer des Luthertums, während die Albertiner dieses Erbe wankelmütig behandelten und mit ihrer Konversion zum Katholizismus 1697 sogar ganz ausschlugen. Andere feiern Moritz als tatkräftigen Monarchen und Feldherrn, der die glanzvollste Periode der sächsischen Geschichte eingeleitet habe.

Auf Moritz folgte Kurfürst August I. (reg. 1553–1586), womit eine gut drei Jahrzehnte während Konsolidierungsphase einsetzte. Die Anfänge des frühmodernen Staates mit Regierung, Verwaltung, Kreiseinteilung und Wirtschaftspolitik wurden ausgebaut. Das Verhältnis zur Ständevertretung aus Ritterschaft, Geistlichkeit und Städten blieb konsensorientiert. Dank seiner Finanzstärke konnte der Kurfürst die wenigen noch verbliebenen Herrschaften fast komplett aufkaufen. Lediglich die Schönburgischen Herrschaften um Glauchau blieben ein unabhängiger Reichsstand.

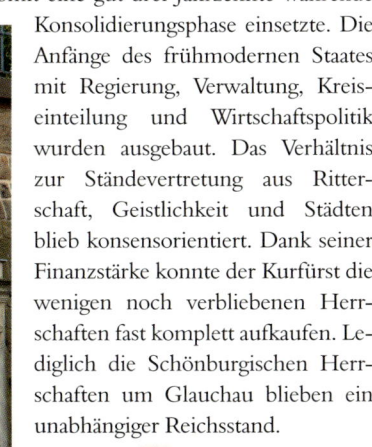

Augusts Herrschaft legte auch Wert auf Repräsentation. Der von Moritz begonnene Bau des prächtigen Dresdner Renaissanceschlosses (1548–1556) wurde vollendet. Dem Lutheraner August lag auch die neue Schlosskapelle am Herzen, wo später Heinrich Schütz als Hofkapellmeister wirkte. Unter zahlreichen weiteren Schlossbauten im ganzen Land ragt das gewaltige Jagdschloss Augustusburg (1568–1572) bei Chemnitz heraus. Der Kurfürst wollte hiermit auch seinen Triumph über die Ernestiner zum Ausdruck bringen, die 1567 noch einmal versucht hatten, die Niederlage von 1547 zu revidieren. Unter Augusts Nachfolger Christian I. (reg. 1586–1591) kam es durch einen religionspolitischen Kurswechsel zu Spannungen. Für die Bevorzugung des Calvinismus durch Christian machte man besonders Kanzler Nikolaus Krell verantwortlich. Nach dem frühen Tode des Kurfürsten kehrte Sachsen unter Christian II. (reg. 1591–1611) zum strengen Luthertum zurück. Die protestantische Leitmacht zielte allerdings

auf einen Ausgleich der Konfessionen und blieb dem katholischen Habsburger Kaiserhaus loyal verbunden.

Im Dreißigjährigen Krieg 1618–1648 sorgte dies unter Kurfürst Johann Georg I. (reg. 1611–1656) für einen erheblichen Ansehensverlust unter den Protestanten. Der trinkfreudige „Bierjörgel" bekam von protestantischer Seite nach dem Prager

Residenzschloss in Dresden

Aufstand 1618 und dem Tode von Kaiser Matthias 1619 die Königswürde von Böhmen und die Kaiserkrone angetragen. Johann Georg lehnte das Angebot jedoch ab. Er unterstützte stattdessen den Habsburger-Kaiser Ferdinand II. und dessen gegenreformatorische Politik in Böhmen. Rund 150.000 protestantische Glaubensflüchtlinge kamen von dort nach Sachsen.

Landschaftspark um Schloss Bad Muskau

Für seine Treue zum Kaiser bekam Johann Georg 1635 die böhmische Lausitz. Damit fand die Expansion des Kurfürstentums weitgehend ihren Abschluss. Die florierende Region um die Städte Görlitz, Bautzen, Kamenz, Löbau und Zittau behielt allerdings noch lange gewisse Sonderrechte. Heute findet sich hier mit dem 1815 bis 1825 durch Hermann Fürst von Pückler-Muskau geschaffenen Landschaftspark um Schloss Bad Muskau die einzige UNESCO-Welterbestätte Sachsens.

Trotz gewisser Rückschläge entwickelte sich Kursachsen auch wirtschaftlich sehr positiv. Eine wesentliche Grundlage hierfür war weiterhin der Bergbau im Erzgebirge, das 1589 in einer Bergchronik erstmals unter diesem Namen erwähnt wurde. Während lange Freiberg dominiert hatte, blühten nun neue Silberbergbau-Zentren auf: Schneeberg, Annaberg, Buchholz, Marienberg und Oberwiesenthal. Die große Bergbautradition prägt diese Region bis heute. Die von Kurfürst August erworbene Grafschaft Mansfeld brachte Kursachsen zudem ein ertragreiches Kupferschiefer-Bergbaurevier ein.

JOHANN
SEBASTIAN
BACH

Leipzig begann die Rolle als mitteldeutsche Handelsmetropole von Erfurt und Magdeburg zu übernehmen. Eine wichtige Voraussetzung hierfür waren Messeprivilegien Kaiser Maximilians I. von 1497 und 1507. Dies fand neben den großen Messehöfen 1678 im barocken Börsengebäude (Alte Börse) seinen baulichen Ausdruck. Aber auch andere sächsische Handelszentren wie Görlitz und die Textilregion um Chemnitz, Zwickau und Plauen blühten auf.

Die Anfänge einer bürgerlich-aufklärerischen Kultur litten zum Teil unter der strengen lutherischen Orthodoxie in Kursachsen. Dennoch entwickelte sich Leipzig als Gegenpol zur Residenz Dresden zu einem Kulturzentrum von großer Ausstrahlung. Es erhielt repräsentative Gebäude im Barock- und Rokokostil, zog bedeutende Gelehrte und Künstler an. Unter ihnen ragt der Komponist Johann Sebastian Bach heraus, der als Thomaskantor in Leipzig 1723 bis 1750 Musikgeschichte von Weltrang schrieb.

Bachdenkmal vor der Thomaskirche Leipzig

Die Kurfürsten Johann Georg II. (reg. 1656–
1680), Johann Georg III. (reg. 1680–1691) und
Johann Georg IV. (reg. 1691–1694) sorgten für
eine erneute Konsolidierung im Zeichen des
fürstlichen Absolutismus. Insbesondere durch das
Steuerbewilligungsrecht blieb aber auch die Stän-
deversammlung ein wichtiger politischer Akteur.
Johann Georg II. gilt als erster sächsischer Barock-
fürst, der für Kultur sehr aufgeschlossen war und

Großer Garten mit Barockpalais

Dresdens Ausstrahlung als Residenz beförderte. Sein nachhaltigster Beitrag war die Anlage des Großen Gartens mit seinem Barockpalais in Dresden. Johann Georg III. stand dem Habsburger-Kaiser Leopold unter anderem bei der Belagerung von Wien durch die Türken 1683 als „sächsischer Mars" erfolgreich bei.

Mit Kurfürst Friedrich August I. (reg. 1694–1733), besser bekannt als August der Starke, begann das „Augusteische Zeitalter". Der ehrgeizige Wettiner strebte nach Macht- und Prestigegewinn. Im Zeitalter des Absolutismus, in dem der „Sonnenkönig" Ludwig XIV. in Versailles als unerreichtes Vorbild diente, musste dies das Erlangen einer souveränen Königskrone bedeuten. Mit großem finanziellen und diplomatischen Aufwand konnte sich der Kurfürst 1697 in Warschau zum König von Polen wählen und in Krakau als August II. krönen lassen. Damit gewann er ein Territorium, das einundzwanzigmal größer als der Kurstaat war.

Allerdings brachte die notwendige Konversion des Herrschers große Probleme. Das protestantische Sachsen wurde nun von einer katholischen Dynastie geführt. Symbole hierfür sind in Dresden die von Augusts Sohn, Kurfürst Friedrich August II. (reg. 1733–1763), errichtete katholische Hofkirche, der die Frauenkirche als einer der bedeutendsten evangelischen Sakralbauten gegenübersteht. Macht- und wirtschaftspolitisch erfüllte der Erwerb Polens nicht die Erwartungen, zeitweise musste August sogar nach militärischen Niederlagen auf seine Krone verzichten.

Dresdner Elbpanorama mit Frauenkirche (links) und Hofkirche (rechts)

August der Starke ist vor allem durch seine absolutistische Prachtentfaltung in Erinnerung geblieben, die den Ruf Dresdens als prunkvolle barocke Metropole begründete. Hierfür stehen der Zwinger, das Japanische Palais, die Augustusbrücke und das Taschenbergpalais. Die Residenzlandschaft rund um Dresden wurde mit dem Jagdschloss Moritzburg, Schloss Pillnitz und dem Barockgarten Großsedlitz bereichert. Größter Schlossbau wurde nach Vorbild von Versailles das Schloss Hubertusburg bei Wermsdorf. Die Kunstsamm-

lungen des Grünen Gewölbes erlangten Weltruf. Die Prachtfassade Dresdens war Schauplatz höfischer Feste, die alles Bisherige übertrafen. Unter den wirtschaftspolitischen Bemühungen ragte die Gründung der Meißner Porzellanmanufaktur in der Albrechtsburg 1710 heraus.

Als legendärer Herrscher rückte August der Starke zur zentralen historischen Identifikationsfigur Sachsens auf. Das wohl bekannteste Denkmal des Landes, der „Goldene Reiter" in Dresden, zeigt ihn als glanzvollen römischen Caesaren. Unstrittig sind die Verdienste beim Aufstieg Sachsens und seiner Residenz Dresden zu einem Kulturzentrum von Weltruf. Hieran konnte sein Sohn Friedrich August II. anknüpfen. Ihm lag die Gemäldesammlung sehr am Herzen. 1747 öffnete die heutige Galerie Alte Meister, deren Hauptwerke wie die Sixtinische Madonna von Raffael zu den bekanntesten Kunstwerken der Welt gehören. Die Regierungsarbeit freilich überließ Friedrich August II. zunehmend seinem machtbewussten Premierminister Heinrich Graf von Brühl.

Bei der Konkurrenz mit den als Kurfürsten von Brandenburg und Königen in Preußen zunehmend an Macht gewinnenden Hohenzollern bewegten sich die Wettiner unter August dem Starken noch voll auf Augenhöhe. Der Abstieg begann, als der preußische König Friedrich II. 1740 das österreichische Schlesien besetzte. Im Ersten Schlesischen Krieg 1740–1742 noch mit Preußen verbündet, trat Sachsen im Zweiten Schlesischen Krieg 1744/45 auf die Seite Österreichs. Ergebnis

Der „Goldene Reiter" in Dresden (1736)

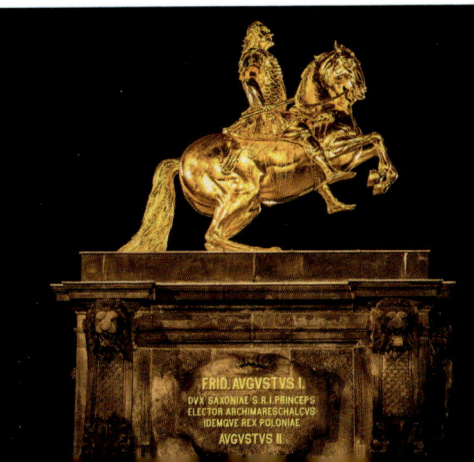

war die Niederlage von Kesselsdorf 1745. Noch verhängnisvoller gestaltete sich der Siebenjährige Krieg 1756–1763. Sachsen hatte sich in eine große antipreußische Allianz mit Österreich, Frankreich und Russland einfügt. Das schlecht gewappnete Land wurde von den Truppen Friedrichs des Großen weitgehend kampflos besetzt. Über Jahre litt

Schloss Hubertusburg in Wermsdorf

Sachsen unter Krieg und preußischer Besetzung. Mit dem Frieden von Hubertusburg 1763 war eine Vorentscheidung im Wettstreit von „Sachsens Glanz und Preußens Gloria" gefallen. Während Preußen seinen Anspruch als europäische Großmacht erfolgreich behauptete, fiel Sachsen auf den Status einer deutschen Mittelmacht zurück. Dies gilt nicht allein für den Verlust der Personalunion mit Polen nach dem baldigen Tode Friedrich

Augusts II. König Friedrich II. konnte zwar seine Annexionspläne nicht umsetzen, aber der Zenit des stolzen Kurfürstentums Sachsen war überschritten.

Bis zum Ende des Alten Reiches kam es jedoch noch einmal zu einer Konsolidierung. Kurfürst Friedrich Christian (reg. 1763) entließ den Grafen Brühl, sorgte für einen Sparkurs und Staatsreformen. Damit begann das „Sächsische Rétablissement" (Wiederherstellung). Hieran knüpfte Kurfürst Friedrich August III. (reg. 1763–1806, als Friedrich August I. 1806–1823 König von Sachsen) an. Er hob die Volksbildung und gründete Institutionen wie die Akademie der Bildenden Künste in Dresden (1764) und die Bergakademie in Freiberg (1765). Die Erneuerung der Union mit Polen lehnte der Kurfürst 1791 ab, wodurch er Konflikte mit den Großmächten Preußen, Österreich und Russland vermied. Diese hatten 1772 jeweils Teile Polens annektiert und teilten das Land 1793/95 gänzlich unter sich auf.

Königreich zwischen Beharrung und Moderne

Das „lange 19. Jahrhundert" zwischen Französischer Revolution 1789 und Erstem Weltkrieg 1914/18 war eine Zeit tiefgreifenden Wandels. Sachsen beschritt den Weg in die bürgerliche, industriell-urbane Moderne. Die am Beginn stehenden Revolutionskriege wirkten sich massiv

Schlacht bei Jena und Auerstedt (1806)

auf Deutschland aus. Die Truppen Frankreichs erlangten unter Napoleon den Nimbus der Unbesiegbarkeit. Sachsen bekam dies als Verbündeter Preußens 1806 in der Schlacht bei Jena und Auerstedt deutlich zu spüren. Es wurde allerdings nach der vernichtenden Niederlage und dem wenig später folgenden Ende des Alten Reiches wohlwollend behandelt. 1806 erfolgte der Beitritt zum Rheinbund, worauf Sachsen sogar zum Königreich erhoben wurde. König Friedrich August I. entwickelte eine enge Bindung an den Kaiser der Franzosen. Als Gegengewicht zu Preußen erhielt Sachsen 1807 sogar das Großherzogtum Warschau. Der Russlandfeldzug 1812 leitete allerdings die Entscheidung gegen Napoleon ein. Von besonderer Dramatik war der Schlussakkord der „Franzosenzeit" in Sachsen. In der Völkerschlacht bei Leipzig vom 16. bis 19. Oktober 1813 standen sich die Truppen der Alliierten denen Napoleons und Sachsens gegenüber. Mit bis zu 600.000 beteiligten Soldaten war dies bis dahin eine der größten

Völkerschlachtdenkmal in Leipzig (1913)

Schlachten der Weltgeschichte. Die Alliierten siegten und zwangen Napoleon, sich aus Deutschland zurückzuziehen. Für Sachsen erwies es sich als verhängnisvoll, dass sich sein König nicht zu einem Frontwechsel hatte durchringen können. Er blieb Napoleon treu und ging in Leipzig in preußische Gefangenschaft.

Das Ende der napoleonischen Zeit brachte nicht das von vielen erhoffte einige deutsche Vaterland. Stattdessen trat 1815 auf dem Wiener Kongress der Deutsche Bund ins Leben, ein eher loser Staatenbund. Preußen und Österreich konkurrierten weiter um die Vorherrschaft. Das Königreich Sachsen gehörte zu den großen Verlierern. Letztlich verdankte es seinen Fortbestand nur den widerstreitenden Interessen der Großmächte. Das Land verlor gut die Hälfte seines Territoriums. Darunter befanden sich wichtige Städte und Regionen, die für die sächsische Geschichte von großer Bedeutung sind: Wittenberg, Torgau, Merseburg, Naumburg, Weißenfels und Teile der Lausitz.

Danach kam es erneut zu einer Phase der Konsolidierung. König Friedrich August I. wurde bei seiner Rückkehr 1815 in Dresden jubelnd empfangen und verkörperte den trotzigen Stolz des Landes. Politisch wurde Sachsen allerdings vorerst im Übereinklang mit dem Österreich des mächtigen Außenministers Fürst Metternich sehr konservativ ausgerichtet. Auch König Anton (reg. 1827–1836) hatte wenig Interesse an Reformen. Allerdings musste er im Zuge der Revolution von 1830 Zugeständnisse machen. So setzte er seinen Neffen, den späteren König Friedrich August II. (reg. 1836–1854), zum Mitregenten ein und erließ 1831 eine konstitutionelle Verfassung.

Rückkehr König Friedrich Augusts I. nach Dresden 1815

Die liberale Nationalbewegung erhob weiter die Forderung nach einem einigen Deutschland. Dies gipfelte in der Revolution von 1848/49. In Frankfurt sollte der künftige Nationalstaat geschaffen werden. Dies scheiterte jedoch mit der Ablehnung der Reichsverfassung durch den preußischen König im April 1849. Hierauf folgte der Dresdner Maiaufstand vom 3. bis 9. Mai 1849 als blutiger Höhepunkt der Revolution in Sachsen. König Friedrich August II. hatte die Verfassung ebenfalls abgelehnt und ein konservatives Kabinett berufen. Der König musste auf die Festung Königstein flüchten, preußische Truppen schlugen den Aufstand in erbitterten Straßenkämpfen nieder.

Sachsen steuerte nun wieder einen konservativen Kurs. Außenpolitisch sah es sich der Wahrung des Deutschen Bundes unter Führung Österreichs verpflichtet und versuchte bis zuletzt, den Konflikt zwischen Österreich und Preußen zu verhindern. Hieran änderte sich auch unter König Johann (reg. 1854–1873) nichts. Zu-

gleich blieb Sachsen ein Brennpunkt nationaler Bestrebungen, wie etwa das 3. Deutsche Turnfest in Leipzig 1863 beleuchtet.

Es war aber nicht die Nationalbewegung, die die Gründung eines Nationalstaates herbeiführte, sondern die Politik von „Eisen und Blut" des preußischen Ministerpräsidenten Otto von Bismarck. 1864 siegte Preußen gemeinsam mit Österreich über Dänemark. 1866 fiel die Entscheidung im preußisch-österreichischen Dualismus durch den

Festung Königstein

Sieg Preußens. Der Deutsche Bund wurde aufgelöst und ein Norddeutscher Bund unter Führung Preußens geschaffen. Mit dem siegreichen Deutsch-Französischen Krieg 1870/71 entstand das Deutsche Kaiserreich mit dem preußischen König als Kaiser Wilhelm I. an der Spitze.

Auch Sachsen wurde von den „Reichseinigungskriegen" erfasst. In der Entscheidungsschlacht bei Königgrätz am 3. Juli 1866 standen sich die siegreichen preußischen Truppen und ein österreichisch-

Reichsgericht (heute Bundesverwaltungsgericht) in Leipzig (1895)

sächsisches Heer gegenüber. Das sächsische Korps stand unter der Führung des Prinzen und späteren Königs Albert (reg. 1873–1902). Nur dank der Fürsprache Österreichs und Frankreichs konnte das Land einer Annektion erneut entgehen. Prinz Albert gewann jedoch wenig später als erfolgreicher Feldherr im Krieg 1870/71 gegen Frankreich hohes Ansehen. Der „Löwe Sachsens", wie ihn Karl May nannte, führte das Königreich so als geachtetes föderales Glied in den deutschen Nationalstaat.

Das Deutsche Kaiserreich von 1871 vereinte 22 Monarchien, drei Hansestädte und das Reichsland Elsaß-Lothringen. Dominierender Staat war das Königreich Preußen mit 350.000 km² Fläche und 35 Mio. Einwohnern (um 1900), schon mit Abstand gefolgt vom Königreich Bayern (75.000 km², 6 Mio. Einwohner) und Königreich Sachsen (15.000 km², 4,5 Mio. Einwohner). Sachsen bildete so eines der wenigen Gegengewichte zu Preußen, das sich zudem einige Sonderrechte sichern konnte. Ein Symbol der selbstbewussten Integration in das Kaiserreich war die Ansiedlung des Reichsgerichtes in Leipzig 1879.

Mit der Reichsgründung kam auch die Mitte des 19. Jahrhunderts einsetzende Industrialisierung zum Durchbruch. Sachsen hatte sich hier seit einigen Jahrzehnten als Vorreiter erwiesen. Besonders deutlich wird dies bei der Eisenbahn, modernes Verkehrsmittel und Katalysator des Industriezeitalters zugleich. Auf Initiative des Eisenbahnpioniers Friedrich List konnte 1839 die erste deutsche Ferneisenbahn von Leipzig nach Dresden in Betrieb genommen werden. Rasch verband ein Netz von Bahnlinien die wachsenden Industriestädte. Es entstanden ingenieurtechnische Meisterwerke wie die Göltzschtalbrücke bei Reichenbach im Vogtland, die größte Ziegelsteinbrücke der Welt.

Die Hochindustrialisierung nach 1871 machte Sachsen zum Land mit der höchsten Einwohner- und Städtedichte sowie dem dichtesten Eisenbahnnetz Deutschlands. Textil und Maschinenbau blieben wichtige Grundpfeiler. Das „sächsische Manchester" Chemnitz galt als Synonym einer Industriestadt. Hinzu kamen chemische Industrie und Elektrotechnik, die vom Braunkohletagebau Impulse bezogen. Zu Beginn des 20. Jahrhunderts wurde Sachsen zu einem Pionierland des Automobilbaus in Chemnitz (Wanderer), Zwickau (Horch/Audi), Reichenbach (Horch) und Zschopau (Rasmussen/DKW). All dies wird heute im Industriemuseum Chemnitz dargestellt. Auch Lebensmittel, Konsumgüter und Luxusartikel traten ihren Siegeszug an. Das Messe- und Handelszentrum Leipzig stieg zur führenden Verlags- und Druckereistadt auf.

Göltzschtalbrücke bei Reichenbach (1851)

Deutschland wandelte sich von einem Agrarland zu einer modernen industriell-urbanen Massengesellschaft. Zwischen 1871 und 1914 stieg die Bevölkerungszahl von 41 auf 65 Millionen. Das Königreich Sachsen verdoppelte seine Einwohnerzahl von 2,6 auf 5 Millionen. Leipzig wuchs von gut 100.000 Einwohnern auf fast 600.000, Dresden von 180.000 auf 550.000, Chemnitz von 68.000 auf 290.000. Gründerzeitgürtel und große

Semperoper in Dresden (1841/78)

Industriegebiete veränderten das Stadtbild, die Infrastruktur wurde durchgreifend modernisiert. Repräsentative Neubauten, wie Rathäuser, Museen, Theater und Kaufhäuser bereicherten die Stadtzentren. Heraus ragte als sächsische Metropole Leipzig, damals nach Berlin und Hamburg die drittgrößte Stadt Deutschlands.

Als aufstrebende Industrieregion bildete Sachsen zugleich ein Zentrum der Arbeiterbewegung. In Leipzig fand 1863 die Gründung des Allgemeinen Deutschen Arbeitervereins (ADAV) durch Ferdinand Lassalle statt. Führende Sozialdemokraten wie August Bebel und Wilhelm Liebknecht wirkten lange in Sachsen. Die Ausgrenzung durch die Eliten des Kaiserreiches schweißte die Partei ebenso zusammen wie die „soziale Frage". In Sachsen stellte sie bald überproportional viele Reichstagsabgeordnete. Die SPD konnte 1903 22 der 23 Wahlkreise gewinnen. Auch die Gewerkschaften entfalteten breite Aktivitäten. Der Crimmitschauer Textilarbeiterstreik 1903/04 war der bis dahin längste Ausstand.

Andererseits erwarb König Friedrich August III. (reg. 1904–1918) als volksnaher „Landesvater" noch einmal eine gewisse Popularität.

Die Wettiner pflegten zudem weiterhin die Kulturpolitik. Der Leipziger Richard Wagner wirkte 1843–1849 als Hofkapellmeister in Dresden, 1841 eröffnete das prunkvolle Opernhaus Gottfried Sempers, 1854 die Sempergalerie am Zwinger. Dresden galt als ein Zentrum der Spätromantik mit Ludwig Tieck, Caspar David Friedrich und Carl Maria von Weber. Die Kunstakademie bekam 1894 an der Brühlschen Terrasse einen Neubau, daran angrenzend entstand das Albertinum (1889). Dresden gab auch der Wissenschaft wichtige Impulse. Aus einer 1828 gegründeten Bildungsanstalt ging die Technische Hochschule Dresden (1890) hervor, die heute als TU Dresden (1961) zu den renommiertesten Hochschulen Deutschlands zählt.

Neben Dresden behauptete sich Leipzig als Kulturzentrum, wo u. a. Felix Mendelssohn Bartholdy wirkte. Die florierende Landesuniversität bekam neben der Paulinerkirche als Hauptgebäude das Augusteum (1898). Nach der Sprengung 1968 befinden sich heute dort das Neue Augusteum und Paulinum.

Sachsen brachte weiter Künstler von Weltruf hervor, wie den Abenteuerschriftsteller Karl May und die Expressionisten Erich Heckel, Ernst Ludwig Kirchner und Karl Schmidt-Rottluff von der Dresdner Vereinigung „Die Brücke" (1905).

Der Ausbruch des Ersten Weltkrieges im August 1914 erzeugte zunächst eine Welle der nationalen Begeisterung. Die unerwartet lange Dauer und vielen Opfer führten jedoch zu wachsender Kriegsmüdigkeit. Die Novemberrevolution mit der Abdankung des Kaisers, der Ausrufung der Republik am 9. November 1918 sowie der Regierungsübernahme durch die SPD strahlte auch auf Sachsen aus. König Friedrich August III., der mit für einen unblutigen Verlauf sorgte, soll am 13. November mit den vielzitierten Worten abgedankt haben, „dann macht doch euren Dreck alleene". Damit endete die jahrhundertelange Herrschaft der Wettiner.

Das „Zeitalter der Extreme"
(20. Jh.)

Das „Zeitalter der Extreme" (Eric Hobsbawm), das 20. Jahrhundert mit seinen beiden Weltkriegen und Diktaturen, hat sich auch in Sachsen tief in die Geschichtslandschaft eingegraben. Am Beginn stand die erste deutsche Demokratie, die Weimarer Republik. In Sachsen gelang es bei allen politischen Turbulenzen über weite Strecken stabile Regierungen zu bilden. Im November 1918 übernahmen zunächst sechs „Volksbeauftragte" aus den Arbeiter- und Soldatenräten die Regierung. 1919/20 amtierte eine SPD-geführte Minderheitsregierung unter Georg Gradnauer. Dessen Nachfolger Wilhelm Buck (SPD) führte bis 1923 die gemäßigte Reformpolitik weiter. Die Verfassung von 1920 definierte Sachsen als Freistaat. Allerdings gewann die linksradikale KPD immer mehr Zulauf. 1923 bildete der linke Sozialdemokrat Erich Zeigner eine Koalitionsregierung mit den Kommunisten. Diese wurde im Oktober 1923 per Reichsexekution von der Reichswehr zu Fall gebracht.

Hierauf folgten 1924–1929 Koalitionsregierungen aus SPD und bürgerlichen Parteien unter Max Heldt (SPD). Das Land erholte sich in den „Goldenen Zwanzigern" auch wirtschaftlich. Die Leipziger Messe erlebte einen regelrechten Boom. Neben neuen Messepalästen im Zentrum verlagerte sich das Geschehen jetzt zunehmend auf das seit 1920 genutzte Ausstellungsgelände, die heutige „Alte Messe". 1927 wurde der Flughafen Halle/Leipzig bei Schkeuditz eingeweiht, der heutige Leipzig-Halle Airport.

Flughafen Halle/Leipzig 1929

Die Weltwirtschaftskrise ab 1929 traf die sächsische Wirtschaft hart. Das drohende Aus der Automobilindustrie etwa konnte 1932 nur durch die faktische Verstaatlichung als „Auto Union" in Chemnitz verhindert werden. Massenhafte Arbeitslosigkeit und Verelendung konnten auch die „Expertenregierungen" Wilhelm Bünger (1929/30) und Walther Schieck (1930–1933) nicht bewältigen. Die politische Radikalisierung kam sowohl der KPD, als auch der rechtsradikalen

---

Bis 1933 war das vogtländische Plauen die Gauhauptstadt der NSDAP

NSDAP zugute. Bei den Nationalsozialisten, die seit 1930 im Landtag die zweitstärkste Fraktion nach der SPD stellten, rückte der Plauener Textilfabrikant Martin Mutschmann als Gauleiter an die Spitze. Mit der Ernennung Adolf Hitlers zum Reichskanzler am 30. Januar 1933 durch Reichspräsident Paul von Hindenburg begann die „Machtergreifung" der Nationalsozialisten in Deutschland. In Sachsen verlief der Übergang in die NS-Diktatur nicht reibungslos. Im März 1933 wurde Sachsens SA-Chef Manfred von Killinger Ministerpräsident. Es entbrannte ein Machtkampf zwischen Killinger und Gauleiter Mutschmann, der von Hitler zum Reichsstatthalter für Sachsen ernannt wurde. Killinger musste im Zuge des „Röhm-Putsches" 1934 das Feld räumen. Mutschmann kam fortan entgegen, dass Sachsen zu den wenigen Regionen gehörte, in denen Parteigau und Land übereinstimmten. Ein weiterer Trumpf war das Vertrauensverhältnis zu Hitler seit der frühen „Kampfzeit".

Mutschmann legte großen Wert auf Herrschaftsrepräsentation. Hierzu gehörte ein gigantisches „Gauforum" in Dresden. Die Pläne von Wilhelm

Kreis sahen auf den Güntzwiesen im Großen Garten einen „Adolf-Hitler-Platz" vor dem Deutschen Hygienemuseum vor. Dieser sollte umgeben werden von alle Maßstäbe sprengenden Gebäuden: einem „Gauhaus", einer „Sachsenhalle" für 40.000 Besucher und einem 70 Meter hohen „Wartturm". Der riesige Aufmarschplatz sollte Raum für 200.000 Menschen bieten. Der Kriegsausbruch verhinderte nach der Grundsteinlegung 1939 die weitere Ausführung des Projektes.

Deutsches Hygienemuseum Dresden (1930)

Bei der Unterdrückung der politischen Gegner, insbesondere der Arbeiterbewegung, ging man unerbittlich vor. Bald waren die berüchtigten Gefängnisse in Bautzen und Zwickau sowie provisorische KZ wie Schloss Colditz und Burg Hohnstein gefüllt. Die antisemitischen Maßnahmen trafen die gut 23.000 Juden in Sachsen ebenfalls mit aller Wucht. Gauleiter Mutschmann tat sich hierbei als erbitterter Antisemit hervor. Im Euthanasieprogramm gehörte Schloss Sonnenstein in Pirna zu den großen Tötungsanstalten der „Aktion T 4".

Mit der Auslösung des Zweiten Weltkrieges am 1. September 1939 stürzte das Dritte Reich die Welt in die verheerendste Katastrophe der Geschichte. Sachsen war dabei stark von angloamerikanischen Bomberangriffen betroffen. Zwar setzten die Großangriffe erst relativ spät ein, doch waren sie dann umso verheerender. Als Ziel dienten neben Wirtschaft und Infrastruktur auch die Stadtzentren und Wohngebiete. Dresden wurde mit den Luftangriffen vom 13. bis 15. Februar 1945 zum Synonym für die Zerstörung deutscher Städte. Das noch nahezu unversehrte „Elbflorenz" fiel unter tausenden Bomben und einem mörderischen Feuersturm in Schutt und Asche, bis zu 25.000 Menschen verloren hierbei ihr Leben.

Dresden 1945

Die Kämpfe zwischen Wehrmacht und Alliierten im April 1945 kosteten noch einmal zahlreiche Menschenleben. Von Westen kamen die Amerikaner, von Osten rückte die Rote Armee vor. Am 25. April schüttelten sie sich bei Torgau an der Elbe die Hände. Die Eroberung Sachsens zog sich bis Kriegsende hin. Bei den Kämpfen um die Einnahme einzelner Städte hing viel von der Haltung der lokalen Befehlshaber ab. In Leipzig wurde den Amerikanern nur vereinzelt Widerstand geleistet, während die Rote Armee am 7. Mai kampflos im zerstörten Dresden einrückte.

Mit der Kapitulation des Deutschen Reiches am 8. Mai 1945 endete der Zweite Weltkrieg in Europa. Deutschland wurde in vier Besatzungszonen geteilt und die Gebiete östlich von Oder und Neiße Polen und der Sowjetunion angegliedert. Hierbei kam es zu einschneidenden Gebietsreformen insbesondere durch die Auflösung Preußens. Sachsen brachten bisher preußische Gebietsteile von Hoyerswerda über Weißwasser bis Görlitz einen beachtlichen Gebietszuwachs.

Durch den Besatzerwechsel im Juli 1945 kam auch Westsachsen zur sowjetischen Besatzungszone (SBZ). In den folgenden Jahren wirkten sich die geopolitischen Veränderungen nachhaltig auf Sachsen aus. Die Interessen der Weltmächte USA und Sowjetunion führten in die Konfrontation des Kalten Krieges.

Ergebnis der Blockbildung war die doppelte Staatsgründung 1949, der Bundesrepublik Deutschland in den drei Westzonen, der Deutschen Demokratischen Republik in der SBZ. Die DDR wandelte sich zum Satellitenstaat der Sowjetunion unter Führung der Sozialistischen Einheitspartei Deutschlands (SED).

In Sachsen setzte man die von den Sowjets bzw. ihren deutschen kommunistischen Partnern gesteuerte Transformation rigoros um. Der 1945 als Dresdner Oberbürgermeister und Chef der Landesverwaltung eingesetzte Sozialdemokrat Rudolf Friedrichs wurde 1946 erster Ministerpräsident. Auf ihn folgte 1947–1952 Max Seydewitz (SED) als Ministerpräsident. Die 1945 gegründeten bürgerlichen Parteien CDU und LDPD verloren bis 1948 ihre innere Selbstständigkeit. Zusammen mit den übrigen Parteien und Massenorganisationen bildeten sie fortan einen „Block" unter Führung der SED, dessen Wahl nach Einheitslisten erfolgte. Im Juli 1952 erfolgte mit der Einführung des „demokratischen Zentralismus" in der DDR die Auflösung der Länder. Sachsen wurde in die Bezirke Dresden, Leipzig und Chemnitz (1953–1990 Karl-Marx-Stadt) aufgeteilt. Die Bezirke stellten nur noch reine Verwaltungseinheiten dar. Die Zerschlagung der Länder war Teil des von SED-Chef Walter Ulbricht (1950–1971) proklamierten „Aufbaus des Sozialismus". Ergebnis war der Volksaufstand vom 17. Juni 1953, der in Sachsen

Görlitz an der Neiße

wichtige Zentren besaß. Die Sowjetarmee schlug den Aufstand nieder.

Die Wirtschaft hatte unter Kriegszerstörungen, Reparationen und Verstaatlichungen zu leiden. Viele Unternehmen verlagerten ihren Sitz in die Westzonen, etwa die Auto Union von Chemnitz nach Ingolstadt. Mit dem Ausbau der Planwirtschaft entstanden große Kombinate aus Betrieben eines Industriezweiges. Einen besonderen Status besaß die Sowjetisch-Deutsche Aktiengesellschaft (SDAG) Wismut in Ostthüringen und Westsachsen, die Uranbergbau für das Atomprogramm der Sowjetunion betrieb. Trotz der Darstellung als modernes Industrieland wurde der Abstand zur Weltspitze immer größer. Deutlich sichtbar wurde dies etwa bei dem seit den 1960er-Jahren fast unverändert produzierten Pkw „Trabant" aus Zwickau.

Ein Hauptproblem blieb der Massenexodus von über 2,6 Millionen DDR-Bürgern in den „Westen". Dieser Substanzverlust wurde mit dem Bau der Berliner Mauer 1961 unterbunden. In ihrem Schatten begann sich das SED-Regime allmählich zu stabilisieren. Die DDR schien sich unter

SED-Generalsekretär Erich Honecker (1971–1989) endgültig etabliert zu haben. Die „Einheit von Wirtschafts- und Sozialpolitik" zielte auf eine zufriedene Bevölkerung. Mit einem Hochtechnologieprogramm versuchte man, den Rückstand zur Weltspitze aufzuholen. All diese Maßnahmen überstiegen freilich die finanziellen Möglichkeiten der DDR.

Die SED-Propaganda verfehlte zunehmend ihre Wirkung. Dazu trugen die totalitären Züge in Staat und Gesellschaft entscheidend bei, auch wenn

Pkw Trabant aus dem Sachsenring Werk in Zwickau

sich dies nicht ständig im Alltag niederschlug. Deutlichstes Symptom war der „antifaschistische Schutzwall" zur Bundesrepublik, an dem ca. 800 DDR-Bürger ums Leben kamen. Zugleich verbreitete das Ministerium für Staatssicherheit (MfS) jenes Klima von Angst und Verunsicherung, das zum Machterhalt der Partei entscheidend beitrug.

Denkmal für die friedliche Revolution
vor der Nikolaikirche in Leipzig

Die weltoffeneren Metropolen Leipzig und Dresden gehörten schließlich zu den Zentren der friedlichen Revolution vom Herbst 1989. Überall in der DDR hatte sich wachsender Protest geregt, erstmals anlässlich der gefälschten Kommunalwahlen am 7. Mai 1989. Die Wandlungen in anderen Ostblockstaaten, die Fluchtwelle über Ungarn und die BRD-Botschaften und schließlich die Feierlichkeiten zum 40. Republikgeburtstag am 7. Oktober mit schweren Ausschreitungen der Polizei besonders in Dresden erzeugten eine Krisenstimmung, auf die die Partei nur mit Polemik und Hilflosigkeit reagierte.

All dies führte zur Entstehung einer breiten Bürgerbewegung. Traditioneller Gegenpol zum SED-Staat war die evangelische Kirche. Sie übernahm eine zentrale Rolle als Handlungsträger und Obdach nichtkirchlicher Oppositionsgruppen. Vom Friedensgebet in der Nikolaikirche ging auch die wegweisende Leipziger „Montagsdemo" vom 9. Oktober 1989 aus. Die Rufe „Wir sind das Volk!" rüttelten das ganze Land auf. Der Mauerfall vom 9. November 1989 brachte den Umschwung von der Revolution in der DDR hin zur deutschen

Wiedervereinigung. Die Volkskammerwahl am 18. März 1990 sollte die Weichen stellen. Der Sieg der CDU-geführten „Allianz für Deutschland" mit 48 Prozent ließ die letzte DDR-Regierung unter Lothar de Maizière (CDU) Richtung schnelle Einheit steuern. Die CDU hatte in den sächsischen Bezirken besonders deutliche Erfolge erzielt.

Wappen
des Freistaates Sachsen

Der Freistaat Sachsen seit 1990

Friedliche Revolution und Wiedervereinigung Deutschlands 1989/90 brachten auch die Renaissance der Länder in der DDR. Das Bundesland Sachsen konstituierte sich aus den Bezirken Dresden, Leipzig und Karl-Marx-Stadt/Chemnitz. Hinzu kamen die Kreise Hoyerswerda und Weißwasser aus dem Bezirk Cottbus, während Altenburg und Schmölln aus dem Bezirk Leipzig Thüringen angegliedert wurden. Unter den 16 Bundesländern zählt Sachsen mit rund 18.400 km² zu den kleineren der Flächenländer.

Rasch waren im Herbst 1989 erste Stimmen laut geworden, die 1952 aufgelösten Länder wieder zu gründen. Umfragen ergaben, dass die landmannschaftliche Geschlossenheit der Sachsen mit am stärksten ausgeprägt war. Mit Vollzug der deutschen Einheit am 3. Oktober 1990 traten die Bundesländer Mecklenburg-Vorpommern, Brandenburg, Sachsen, Sachsen-Anhalt und Thüringen ins Leben. Die Landtagswahlen und Regierungsbildungen im Herbst 1990 schlossen die erste Phase der Landesbildung ab. Nach breiter öffentlicher

Diskussion verabschiedete der Landtag 1992 eine Landesverfassung, in der sich Sachsen in Anknüpfung an 1920 den Namen Freistaat gab.

Die traditionsreiche Residenz Dresden wurde erneut Landeshauptstadt. Die Hoheitszeichen des Landes sind weitere wichtige Elemente der Eigenstaatlichkeit. Das Schwarz und Gold quergestreifte Wappen mit dem grünen Rautenkranz verweist auf die askanischen Herzöge von Sachsen-Wittenberg. Von diesen hatten die Wettiner 1423 die Kurfürstenwürde und den Namen Sachsen übernom-

Neues Messegelände in Leipzig

men. Die Landesflagge mit den Farben Weiß und Grün geht auf die Zeit nach der Rückkehr König Friedrich Augusts I. 1815 zurück.

Trotz der vom Willen weiter Bevölkerungsteile getragenen Wiedergründung des Landes Sachsen fand auch die engere Verbindung als Region Mitteldeutschland mit Thüringen und Sachsen-Anhalt deutlichen Ausdruck. Mit der zweifellos nachhaltigsten Wirkung geschah dies in Form der Gründung des Mitteldeutschen Rundfunks (MDR) 1992. Hauptsitz des Senders wurde Leipzig, in Dresden siedelte sich das Landesfunkhaus an.

Sachsen nahm nach 1990 eine vergleichsweise kontinuierliche politische Entwicklung. Seit der ersten Landtagswahl vom 14. Oktober 1990 stellt die CDU als stärkste Partei den Ministerpräsidenten (1990–2002 Kurt Biedenkopf, 2002–2008 Georg Milbradt, 2008–2017 Stanislaw Tillich, seit 2017 Michael Kretschmer). Wichtige Weichenstellungen wurden in der Ära Biedenkopf vorgenommen, in der CDU-Alleinregierungen die Geschicke des Landes führten. 2004–2009 und wieder seit 2014 war bzw. ist die SPD Koalitionspartner, 2009–2014 war es die FDP.

Die ökonomische Entwicklung wurde von der zusammenbrechenden DDR-Planwirtschaft geprägt. Viele Städte und Regionen Sachsens erlitten einen durchgreifenden Prozess der Deindustrialisierung. Dennoch blieben wichtige Industriezweige bestehen. Hierzu gehört der traditionsreiche Automobilbau. In Zwickau trat an die Stelle des „Trabant"-Herstellers Sachsenring ein VW-Werk, hinzu kamen als neuer Standort Leipzig (BMW, Porsche) und zahlreiche Zulieferer. Auch der Maschinenbau konnte sich behaupten, Dresden entwickelte sich zu einem beachtlichen Technologiezentrum. Leipzig gilt nach wie vor als internationales Handelszentrum, das 1996 das neue Messegelände in Betrieb nehmen konnte.

In ihrer Bedeutung gestiegenen sind Dienstleistung und Tourismus. Dresden steht mit seiner rekonstruierten historischen Silhouette um Residenzschloss und Frauenkirche symbolisch für die Renaissance eines bedeutenden kulturellen Erbes. Auch die dichte Hochschullandschaft mit den Universitäten Leipzig, Dresden, Chemnitz und

Rekonstruierte Frauenkirche in Dresden (2005)

Freiberg sowie zahlreichen Hochschulen spielt eine wichtige Rolle. In Leipzig siedelte sich das Bundesverwaltungsgericht an. Die Landwirtschaft konnte sich zusammen mit der Lebensmittelindustrie teils erfolgreich auf dem Markt behaupten. Trotz dieser positiven Ansätze hat Sachsen noch immer mit dem Verlust großer Teile der Wirtschaft zu kämpfen. Parallel hatte mit dem Mauerfall ein Abwanderungsprozess besonders junger, gut ausgebildeter Menschen in den „Westen" begonnen. Verstärkt durch Geburtenrückgang und weitere demographische Faktoren ging die Einwohnerzahl

Universitätsgebäude am Augustusplatz Leipzig

von 4,8 auf 4,0 Millionen zurück. Ausgenommen sind hiervon nur die aufstrebenden Metropolen Dresden und Leipzig. Trotz alledem ist Sachsen gut für die Zukunft aufgestellt. Schon auf den ersten Blick machen dies die sanierten Städte und Gemeinden, die wirtschaftlichen „Leuchttürme" und die moderne Infrastruktur deutlich. Sachsen kann sich bei seinen Bemühungen um Identitätsstiftung und Außendarstellung auf eine ganze Reihe von Markenzeichen stützen, nicht zuletzt auf seine tief verwurzelte Landesgeschichte.

Literaturtipps

- Reiner Groß: Geschichte Sachsens. Leipzig 2012 (4. Auflage).
- Konstantin Hermann/André Thieme: Sächsische Geschichte im Überblick. Texte, Karten, Grafiken. Leipzig 2013.
- Frank-Lothar Kroll: Geschichte Sachsens. München 2014.
- Steffen Raßloff: Mitteldeutsche Geschichte. Sachsen – Sachsen-Anhalt – Thüringen. Leipzig 2016.

Neuerscheinungen
Sommer 2018

Das kleine WISMAR Buch

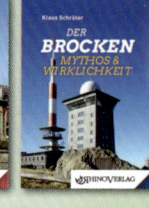

Klaus Schröter
DER BROCKEN
MYTHOS & WIRKLICHKEIT

Die Rhino Westentaschen-Bibliothek

Besonders KIRCHEN THÜRINGEN — Heino Stade — RHINOVERLAG

Kleine GESCHICHTE SACHSENS — Steffen Raßloff — RHINOVERLAG

THEODOR FONTANE landauf, landab — Brigitte Birnbaum — RHINOVERLAG

Das kleine Buch der THÜRINGER TRACHTEN — Knut Kreuch — RHINOVERLAG

DER MOLLI — Udo Hochberg — RHINOVERLAG

Kleine GESCHICHTE der Hansestadt ROSTOCK — Rolf Krye — RHINOVERLAG

044	043	042	041	040	039	038	037	036	035	034	033	032	031	030	029	057	058	060	059
I. Matters' – Stationen seines Lebens und Wirkens	Das kleine Hochzeitsbuch	Das kleine Waldbeerenbuch	Kleines Ringelnatz-Buch	Weisheiten für den Gartenfreund	Großvaters Handwerkstipps	F. Fröbel – Stationen seines Lebens und Wirkens	Kleines Thüringer Bierbuch	Heil- und Kräuterschnäpse	iga, egapark, BUGA – Blumenstadt Erfurt	Sojourns and Swings of Martin Luther	Das kleine Ostseemöwen-Buch	Rügen von A bis Z	Kleines Berliner Mauerbuch	Weimar von A bis Z	Großmutters Gartentipps	Der Rasende Roland	Kreuz & quer gedacht	Wiederentdeckte Kräuter	Thüringer Klöster

RHINOVERLAG

Steffen Raßloff

Kleine
GESCHICHTE

THÜRINGENS

ЯHINOVERLAG

Steffen Raßloff
Kleine Geschichte Thüringens
Band 56 • 978-3-95560-056-3
Format: 8 cm x 11,5 cm • 96 Seiten